Mini-Vitrinen zum Verschenken

Durch das Jahr gibt es viele Anlässe, lieben Menschen eine Freude zu bereiten. Doch immer nur Geld zu verschenken wirkt oft einfallslos. Mit Mini-Vitrinen zum Verschenken haben Sie dieses Problem nicht mehr.

In tiefere Bilderrahmen können Sie ein Geld- oder auch ein Sachgeschenk leicht integrieren und der Beschenkte hat auch noch nach der Entnahme des Geschenkes lange Freude an der von Ihnen gestalteten Vitrine. Verschenken Sie Blumen, die nicht verwelken, oder eine bleibende Erinnerung an den großen Tag der Erstkommunion. Ob zur Geburt oder Hochzeit, Mini-Vitrinen kommen immer gut an. Ich wünsche Ihnen viel Spaß beim kreativen Gestalten.

Ihre

Gudrun Schmitt

Die Motive lassen sich in folgende Schwierigkeitsgrade unterteilen:

● ○ ○ einfach ● ● ○ etwas schwieriger ● ● ● anspruchsvoll

MATERIALIEN UND HILFSMITTEL

Diese für fast alle Objekte benötigten Materialien und Hilfsmittel werden in den einzelnen Materiallisten nicht nochmals aufgeführt.

- Transparent- oder Butterbrotpapier
- Bleistift
- Lineal
- Cutter
- Schneideunterlage
- dünner Karton
- Schere
- Schleifschwamm, mittlere Körnung
- kleine Rundfeile
- Pinsel in verschiedenen Stärken
- Buntstift in Rot
- wasserfester Filzstift in Weiß und Schwarz
- Holzleim
- Sekundenkleber
- Zweikomponentenkleber
- Alleskleber
- Klebestift
- Klebefilm
- Serviettenkleber
- Klarlack
- kleine Rundzange
- Laub- oder Dekupiersäge mit verschiedenen Sägeblättern für Holz und Metall
- Bohrmaschine und Bohrer in verschiedenen Größen
- Schwamm
- Schraubendreher

So geht's

Arbeiten mit Holz

Siehe Abbildung 1, Seite 3

1 Motivteile von der Vorlage ohne Überschneidungen mit einem weichen Bleistift auf Transparent- oder Butterbrotpapier übertragen. Das Papier umdrehen, auf das Sperrholz oder Balsaholz legen und die Linien nochmals mit einem harten Bleistift nachziehen. Das Motiv ist nun auf dem Sperrholz sichtbar.

2 Anschließend das Motiv mit der Laub- oder Dekupiersäge aussägen. Dabei am besten feine Sägeblätter benutzen, damit das Holz nicht splittert. Beim Sägen das Motiv langsam drehen. Balsaholz kann mit einem Cutter geschnitten werden.

3 Die Löcher bohren. Kanten mit einem Schleifschwamm glätten. Bohrungen mit einer kleinen Rundfeile bearbeiten.

4 Die Teile gemäß jeweiliger Vorlage und Abbildung mit Acrylfarbe bemalen oder beizen. Mit einem dicken Pinsel zügig und in eine Richtung arbeiten. Hellere Farben eventuell nochmals übermalen, damit diese gut decken. Nach dem Trocknen die Teile zusammenleimen, trocknen lassen und dann lackieren.

Arbeiten mit Papier

Siehe Abbildung 2

1 Die Einzelteile des Motivs von der Vorlage auf Transparent- oder Butterbrotpapier übertragen, auf dünnen Karton kleben und sauber ausschneiden. Die Schablone ist fertig und kann mehrfach verwendet werden.

2 Diese auf das gewünschte Material legen und die Umrisse mit Bleistift aufzeichnen. Anschließend ausschneiden und zusammenkleben.

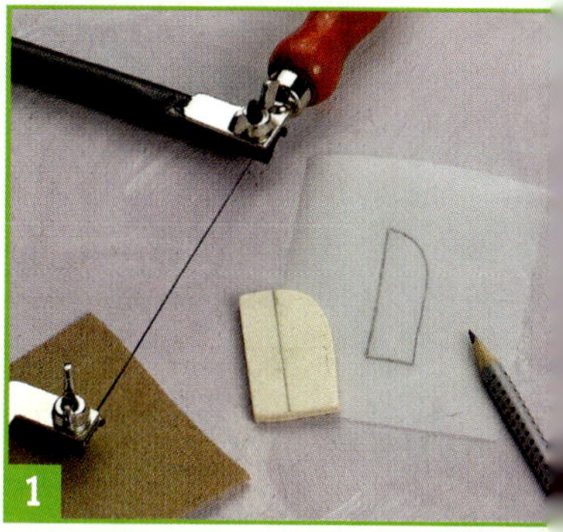

Serviettentechnik

1 Die Serviette passend zuschneiden. Die obere, bedruckte Zellstofflage vorsichtig von den unbedruckten Schichten lösen.

2 Den Serviettenkleber mit einem Pinsel auf dem Rahmen dünn anbringen. Das Serviettenmotiv darauf legen und mit dem Pinsel vorsichtig nochmals Kleber darüber streichen. Hierbei von der Motivmitte nach außen arbeiten. Gut trocknen lassen.

Arbeiten mit Krakelierlack

1 Die Fläche mit Acrylfarbe grundieren. Nach dem Trocknen den Krakelierlack mit dem Pinsel auftragen und trocknen lassen.

2 Nun die zweite Farbe auftragen. Hierbei zügig und in eine Richtung arbeiten. Beim Trocknen der Farbe entstehen Risse.

Fimo®

1 Das Fimo® weich kneten und gemäß Anleitung formen. Um Köpfe usw. zu befestigen ein Stück Schaschlikstab gemäß Anleitung anbringen und den Kopf darauf setzen.

2 Vor jedem Farbenwechsel die Hände gut reinigen, damit die Farben sich nicht vermischen. Anschließend die Figur gemäß Herstellerangaben im Backofen härten.

3 Nachdem das Fimo® ausgekühlt ist, Teile, die sich evtl. gelöst haben, mit Sekundenkleber wieder zusammenfügen.

4 Gesichter mit wasserfesten Stiften aufmalen. Von einem Cutter Buntstiftspäne abschaben und mit dem Finger aufnehmen. Auf das Gesicht als Wangen aufreiben. Das Motiv mit Klarlack lackieren und im Rahmen mit Sekundenkleber befestigen.

Hinweis: Mit Rest werden Stücke bezeichnet, die kleiner als A5 sind.

Miniatur-Juwelier

→ mit Geschenk

MOTIVHÖHE
ca. 22 cm

MATERIAL
- Pappmaché-Rahmen, 22 cm x 22 cm, 4,5 cm tief
- Acrylfarbe in Mittelblau
- Strohseide in Weiß, A3
- Rest Bastlerglas, 3 mm stark
- Cristalpaint in Gelb
- 24 Spiegelmosaiksteine, 1 cm x 1 cm
- Alublech in Silber, 5,5 cm x 17 cm
- 10 Schraubhaken in Silber, 0,3 cm x 2 cm
- Silberdraht, ø 0,5 mm
- Bindfaden in verschiedenen Farben
- Rocailles, Glasschliffperlen und Motivperlen in unterschiedlichen Farben und Größen
- Klarsichtfolie
- Kordel in Beige, ø 1 mm, 25 cm lang
- Kette oder anderes Schmuckstück zum Verschenken
- Bohrer, ø 3 mm

1 Den Rahmen und den Boden in Blau streichen und trocknen lassen. Für die Seitenwände und die Rückwand die Strohseide passend zuschneiden und mit Serviettenkleber gemäß Herstellerhinweisen darauf anbringen.

2 Für die Tischplatte ein 9 cm x 3 cm großes Stück, für die Tischbeine zwei 2 cm x 4 cm große Stücke Bastlerglas zusägen, mit Zweikomponentenkleber zusammenkleben und nach dem Trocknen mit der gelben Cristalpaint-Farbe und dem Schwamm betupfen. Nach dem Trocknen mit Zweikomponentenkleber in den Rahmen kleben.

3 In das Alublech verteilt zehn Löcher (ca. jeweils 3 cm waagerecht und senkrecht voneinander entfernt) bohren (ø 3 mm). Die Schraubhaken mit einer Zange etwas aufbiegen, dann in die Löcher drehen. Das Alublech mit Zweikomponentenkleber in den Rahmen kleben.

4 Die Mosaiksteine ca. 2 cm vom oberen und seitlichen Rand entfernt gemäß Abbildung mit Alleskleber aufkleben.

5 Die verschiedenen Perlen mithilfe von Silberdraht und Bindfaden zu kleinen Ketten und Ohrringen aufziehen und an die Schraubhaken hängen.

6 Die zu verschenkende Kette in Klarsichtfolie einpacken und diese mit der Kordel verschließen. Das Geschenk mit Klebefilm auf dem Tisch befestigen.

Tipp: Mit einer entsprechenden Beschriftung wird aus dieser Mini-Vitrine ein witziger Gutschein.

Kauf dir was Schönes!

Für Modebewusste

→ fürs Shopping

MOTIVHÖHE
ca. 16,5 cm

MATERIAL
- Holzrahmen, 24 cm x 16,5 cm, 6 cm tief
- Acrylfarbe in Pink, Gelb, Beige, Weiß und Rosa
- Tonkarton in Orange mit bunten Blumen, A4
- Druckerpapier in Weiß, A4
- Styroporkugel, ø 3 cm
- Spiegelmosaiksteine, 3 mm x 3 mm
- Sperrholzrest, 4 mm stark
- Rundholzstab, ø 3 mm, 19 cm lang
- Filzrest in Orange und Pink
- Stoffrest in Gelb
- Draht, ø 1 mm, ca. 5 cm lang
- ungebohrte Rohholzkugel, ø 1,5 cm
- 4 Kleidungsstücke und 1 Paar Schuhe für Anziehpuppen
- Bohrer, ø 3 mm
- Geldscheine

VORLAGEN-BOGEN 2B

1 Den Rahmen in Pink, den Boden in Beige, die Decke in Weiß bemalen. Nach dem Trocknen mit Klarlack lackieren.

2 Den Tonkarten passend zuschneiden und auf die Rückwand und die zwei Seitenwände kleben. Für das Regal aus Sperrholz drei Rechtecke (10 cm x 3,5 cm), zwei Seitenteile (4,5 cm x 3,5 cm) und für die Abtrennung in der Mitte (2 cm x 3,5 cm) aussägen. Gemäß Abbildung zusammenleimen, dann in Rosa bemalen und auf den Boden leimen.

3 Den Rundholzstab in drei Teile (9,5 cm, 4,5 cm und 5 cm lang) sägen. In die Rohholzkugel an drei Seiten ein Loch (ø 3 mm, 5 mm tief) bohren. In diese die Stangen gemäß Abbildung leimen. Hierbei zeigt der 9,5 cm lange Rundholzstab nach unten, der 5 cm lange Rundholzstab nach rechts und der 4,5 cm lange Rundholzstab nach hinten. Anschließend gelb bemalen.

4 Den Boden des Rahmens 1 cm von der Holzleiste entfernt und 5,5 cm von der Seitenwand entfernt, die Seitenwand 1 cm von vorne und 1,5 cm von oben und die Rückwand 1,5 cm von oben und 5,5 cm von der Seite entfernt durchbohren (ø 3 mm). Die Rundholzstäbe mit der Holzkugel in die Bohrungen leimen.

5 Für den Vorhang ein 4,5 cm x 10 cm und ein 3,5 cm x 10 cm großes Stück Stoff zuschneiden und die Enden je 5 mm breit umkleben. Die Blume aus Filz gemäß Vorlage ausschneiden und auf das breitere Stück kleben. Den Vorhang an der oberen Seite umknicken und gemäß Abbildung um die Rundholzstäbe kleben, das breitere Stück mit der Blume ist vorne.

6 In das Regal die Puppenkleider legen und die Schuhe auf den Boden kleben. Die Styroporkugel mit Spiegelmosaiksteinen bekleben und mittig an der Decke mit Sekundenkleber befestigen.

7 Die Geldscheine gemäß Vorlage zu einer Bluse falten. Den Draht an einem Ende zu einem Haken biegen, mit Klebefilm in der Bluse befestigen. Beide Blusen gemäß Abbildung mit Klebefilm fixieren. Den Schriftzug ausdrucken und schräg in die Ecke des Rahmens kleben.

Blumen für dich

→ dekoratives Geldgeschenk

MOTIVHÖHE
ca. 22 cm

MATERIAL
- Pappmaché-Rahmen, 22 cm x 22 cm, 4,5 cm tief
- Acrylfarbe in Hellblau, Zartgelb und Weiß
- Balsaholzrest, 3 mm stark
- Mosaiksteine in Blautönen, 1 cm x 1 cm
- Fugenmasse für Mosaik
- Tontöpfchen, 3,5 cm x 3,5 cm, 3 cm hoch
- Tontöpfchen, 4,5 cm x 2 cm, 3 cm hoch
- 3 Tontöpfchen, ø 1,5 cm, 1,5 cm hoch
- Metallgießkanne, 3 cm hoch
- zwei Gartengeräte, je ca. 7 cm lang
- Buchsbaumgirlande, 25 cm lang
- Margeriten, ø 1,5 cm
- Apfelsinenzweig
- 2 Kakteen, ca. 3 cm hoch
- 3 Lavendelzweige, ca. 3 cm lang
- Vergissmeinnicht
- 2 Holzperlen in beliebiger Farbe, ø 5 mm
- Steckmasse
- Satinband in Orange, 3 mm breit, 5 cm lang
- Geldschein

1 Den Rahmen in Hellblau, drei Seitenwände und die Rückwand in Zartgelb bemalen. Nach dem Trocknen gemäß Herstellerhinweisen lackieren.

2 Den Fußboden gemäß Abbildung mit Mosaiksteinen mit Alleskleber bekleben. Nach dem Trocknen verfugen.

3 Für das Regal 10 cm x 1,5 cm und zwei Dreiecke (Seitenlänge je 1,5 cm), für die Leiste 4 cm x 1 cm Balsaholz mit dem Cutter zuschneiden. Die Dreiecke unter das Regal leimen.

4 Die Perlen auf die Leiste leimen, Regal und Leiste weiß bemalen und gemäß Abbildung in den Rahmen kleben.

5 Die Tontöpfe mit Steckmasse füllen und die Kakteen, Margeriten, Lavendel- und Apfelsinenzweige einstecken. Die Buchsbaumgirlande doppelt zu einem Kranz wickeln und die Enden mit Sekundenkleber befestigen. Einige Apfelsinenzweige einkleben. Das Satinband um den Kranz wickeln und unter das Regal kleben.

6 Die Gartengeräte mit Sekundenkleber an der Leiste befestigen. Zum Schluss die Gießkanne und die Tontöpfe festkleben. Den Geldschein zu einer Tüte formen und die Vergissmeinnicht einstecken. Mit Klebefilm auf dem Rahmen befestigen.

Für Bücherwürmer

→ wertvolle Bibliothek

MOTIVHÖHE
ca. 16,5 cm

MATERIAL

- Holzrahmen, 24 cm x 16,5 cm, 6 cm tief
- Acrylfarbe in Weinrot, Graublau, Olivgrün, Rot, Weiß, Beige und Braun
- Beize in Dunkelbraun
- Fimo® in Hellgrün, Pink und Rotviolett
- Sperrholzrest, 4 mm, 8 mm, 12 mm und 15 mm stark
- Tonkarton in Rosa mit Spiralen, A4
- Druckerpapier in Weiß, A4
- Draht in Schwarz, ø 1 mm, 15 cm lang
- Papierdraht in Natur, ø 0,5 mm, 10 cm lang
- Rundholzstab, ø 5 mm, 16 cm lang
- Krakelierlack
- Schaschlickstäbchen
- Geldschein

VORLAGENBOGEN 1B

1 Den Rahmen in Braun, den Boden und die Decke in Beige grundieren. Auf dem Rahmen Krakelierlack auftragen, nach dem Trocknen in Beige übermalen. Beim Trocknen der Farbe entstehen Risse. Die Rückwand und die zwei Seitenwände mit dem rosa Tonkarton bekleben.

2 Für das Regal aus dem 4 mm starken Sperrholz vier Rechtecke (10 cm x 3 cm) und zwei Rechtecke (9,2 cm x 3 cm) aussägen. Die vier größeren Rechtecke bilden den Außenrahmen des Regals, die kleineren die Zwischenböden. Das Regal so zusammenleimen, dass die Zwischenbretter den gleichen Abstand zueinander haben.

3 Die Tischplatte aus 4 mm starkem Sperrholz (8 cm x 4 cm) zusägen. Den Rundholzstab in vier 4 cm lange Stücke teilen und als Tischbeine anleimen. Regal und Tisch in Dunkelbraun beizen. Nach dem Trocknen in den Rahmen leimen.

4 Für die Bücher aus dem 8 mm, 12 mm und 15 mm starken Sperrholz ca. 18 verschiedene Rechtecke sägen (ca. 2 cm bis 3 cm hoch). Die Bücher bemalen und in das Regal und auf den Tisch kleben.

5 Den Bücherwurm aus Fimo® formen. Hierzu eine ca. 8 cm lange und 1,5 cm dicke Rolle formen, das Ende spitz zulaufend. Mit einem Cutter Einkerbungen gemäß Abbildung anbringen. Den Kopf formen und an die Oberkante des breiteren Körperendes drücken. Zwei Kugeln für die Hände formen. Das aus Fimo® geformte Buch ist ca. 2,5 cm hoch. Die Hände seitlich an das Buch drücken und beides unter den Kopf setzen. Die Nase formen und auf das Gesicht drücken. Oben in den Kopf mit einem Schaschlikstäbchen eine Vertiefung zum späteren Anbringen der Haare stechen. Den Wurm im Backofen härten, die Herstellerangaben beachten.

6 Nach dem Abkühlen das Gesicht mit wasserfesten Stiften aufmalen. Das Schild auf dem Buch ebenfalls aufmalen. Alles mit Klarlack lackieren. Aus dem schwarzen Draht gemäß Vorlage eine Brille biegen und um den Kopf legen. Zwei 5 cm lange Papierdrahtstücke um ein Schaschlikstäbchen wickeln und wieder abziehen. Als Haare in die Löcher am Kopf kleben. Den Wurm mit Sekundenkleber auf die Tischplatte kleben.

7 Das Geld der Länge nach auf eine Höhe von 2-3 cm falten, dann die Enden einschlagen. Als Bücher in das Regal klemmen. Für das große Buch auf dem Tisch einen Geldschein um ein ausgesägtes Buch falten. Den Schriftzug ausdrucken und mit Klebefilm auf dem Rahmen befestigen.

Glückwünsche zur Hochzeit

→ ganz individuelles Geldgeschenk

MOTIVHÖHE
ca. 20 cm

MATERIAL
- Holzrahmen, 12,5 cm x 20 cm, 4,5 cm tief
- Transparentpapier in Weiß mit roten Herzen, A5
- Acrylfarbe in Rot und Weiß
- Metallfolienrest in Silber
- Hochzeitspaar, 7 cm hoch
- 2 Päckchen Plastikherzen in Rot
- Metall-Teile: „1+1", Eheringe mit Blümchen
- Kugelschreiber

VORLAGENBOGEN 2A

1 Den Rahmen innen weiß, außen rot bemalen und trocknen lassen. Anschließend lackieren. Das Transparentpapier passend für die Rückwand und die Seitenwände zuschneiden und mit Klebestift fixieren.

2 Die Stiele der Sektgläser aus Metallfolie zuschneiden und von der Rückseite mit einem Kugelschreiber prägen. Die Geldscheine für die Sektgläser zweimal quer falten, dann zu den Enden hin schräg falten und von der Rückseite mit Klebefilm fixieren. Die Stiele oben mit Klebefilm umwickeln und in die Geldscheine schieben.

3 Das Hochzeitspaar mit Sekundenkleber in den Rahmen kleben, um es herum die Herzen kleben. Die Teile aus Metall mit Alleskleber gemäß Abbildung befestigen. Die Sektgläser mit Klebefilm am Rahmen fixieren.

Tipp: Wenn Sie keine fertigen Dekoteile aus Metall bekommen oder eine noch individuellere Gestaltung wünschen, können Sie diese auch selbst aus Metallfolie zuschneiden und mit einem Kugelschreiber prägen.

1+1=♡
20
20

Zur Erstkommunion

→ für Mädchen und Jungs

1 Den Tonkarton passend zuschneiden und in den Ausschnitt in der Rückwand kleben. Den Tontopf in Weiß bzw. Blau bemalen und trocknen lassen. Auf ein Ende von 3,5 cm Papierdraht eine Holzperle kleben. Nach dem Trocknen in den Tontopf leimen, dabei den Papierdraht durch die Öffnung des Tontopfes als Hals nach außen ziehen. Den Kopf aus Tonkarton ausschneiden, bemalen und an den Papierdraht kleben. Auf die Haare des Mädchens die Blüte kleben. An den restlichen Draht für die Arme an jedes Ende eine Perle kleben, mittig um den Hals schlingen und in Form biegen.

2 Den Geldschein ensprechend der Länge des Rundholzstabes falten, um diesen wickeln und die Enden mit Klebefilm befestigen. Die Kerzenflamme ausschneiden, umknicken und auf den Rundholzstab kleben. Die Kerze mit Klebefilm am Körper befestigen.

3 Die Buchsbaumgirlande zu einer Kugel wickeln und das Ende mit Sekundenkleber fixieren. Steckmasse in den Blumentopf geben, den Ast in diese stecken und am anderen Ende die Buchsbaumkugel aufkleben. Sand mit Alleskleber in den Tontopf kleben. Eine Schleife aus Satinband umbinden und festkleben.

4 Das Kommunionskind und den Buchsbaum in den Rahmen kleben. Aus Metallfolie ein Rechteck (16 cm x 4 cm) mit der Zackenschere schneiden. Den Schriftzug auf weißem Papier ausdrucken, zuschneiden (15 cm x 3 cm) und auf die Metallfolie kleben. Die Teile aus Metall gemäß Abbildung mit Alleskleber auf dem Rahmen befestigen.

Tipp: Nach Entnahme des Geldes können Sie dieses durch Tonpapier ersetzen.

MOTIVHÖHE
ca. 24 cm

MATERIAL PRO RAHMEN

- Holzrahmen in Weiß, 23,5 cm x 24 cm, 3,8 cm tief
- 3 Metallsticker: Kommunionsmotive
- Metallfolienrest in Silber
- Tonkartonreste in Hautfarbe, Gelb oder Braun
- Tonkartonrest in Hellblau oder Rosa mit Spiralen
- Druckerpapier in Weiß, A4
- Acrylfarbe in Weiß und Blau
- Papierdraht in Natur, ø 2 mm, 12 cm lang
- Buchsbaumgirlande, 50 cm lang
- Tontopf, ø 3 cm, 3 cm hoch
- Tontopf, 3 cm x 3 cm, 3 cm hoch oder 4,5 cm x 3 cm, 2 cm hoch
- Satinband in Weiß, 3 mm breit, 15 cm lang
- Aststück, ø 5 mm, 6 cm lang
- 3 Holzperlen in Natur, ø 1 cm
- Rundholzstab, ø 7 mm, 3 cm lang
- ggf. Stoffblüte in Weiß
- Steckmasse
- Dekosand in Braun
- Zackenschere

VORLAGENBOGEN 2A

Zuschuss zum Führerschein

→ immer willkommen

MOTIVHÖHE
ca. 22,5 cm

MATERIAL
- Holzrahmen, 22,5 cm x 22,5 cm, 4,5 cm tief
- Holzleiste, 5 mm x 5 mm, 30 cm lang
- Sperrholz, 4 mm stark, 17 cm x 3,5 cm
- Acrylfarbe in Elfenbein und Schwarz
- 2 Verkehrsschilder, ca. 9 cm bis 10 cm hoch
- Modellauto, ca. 2,5 cm hoch, 5 cm lang
- Tonpapier in Rot und Mittelblau, A4
- 3 Klebepunkte in Weiß, ø 16 mm
- Filzstift in Rot, Gelb und Grün
- 3 Geldscheine

1 Die Sperrholzplatte an die Seitenwände des Rahmens leimen, damit der Boden höher wird und so Auto und Verkehrsschilder besser sichtbar sind.

2 Für das Fensterkreuz 1 x 15 cm und 2 x 7,5 cm von der Holzleiste zuschneiden, zusammenleimen und hinter die Rahmenleiste leimen. Fensterkreuz und den Rahmen schwarz, die Rückwand und die Seitenwände in Elfenbein bemalen. Nach dem Trocknen mit Klarlack lackieren.

3 Die Schriftzüge auf Tonpapier ausdrucken und zuschneiden. Rotes Schild: 14,5 cm x 2,5 cm, blaues Schild: 5 cm x 6 cm. In bzw. auf den Rahmen kleben.

4 Die Verkehrsschilder und das Auto mit Zweikomponentenkleber auf die Bodenfläche kleben. Für die Ampel je einen Geldschein zu einem 3 cm x 5,5 cm und einem 1,5 cm x 4 cm großen Rechteck knicken. Einen Geldschein aufrollen. Alle Enden mit Klebefilm sichern und zur Ampel zusammenfügen, mit Klebefilm fixieren, dann die Ampel mit Klebefilm am Rahmen befestigen.

5 Die drei Klebepunkte mit Filzstift bemalen und auf dem Geldschein anbringen.

Tipp: Wünscht sich jemand ein neues Auto, so können Sie die Mini-Vitrine mit der entsprechenden Beschriftung und einem Modellauto des Traumfahrzeuges variieren.

TOPP
© frechverlag Stuttgart
Gudrun Schmitt
Mini-Vitrinen zum Verschenken
Ideen im Material-Mix
BEST.-NR. 3427
VORLAGENBOGEN 1B

Für den Traumurlaub
SEITE 29

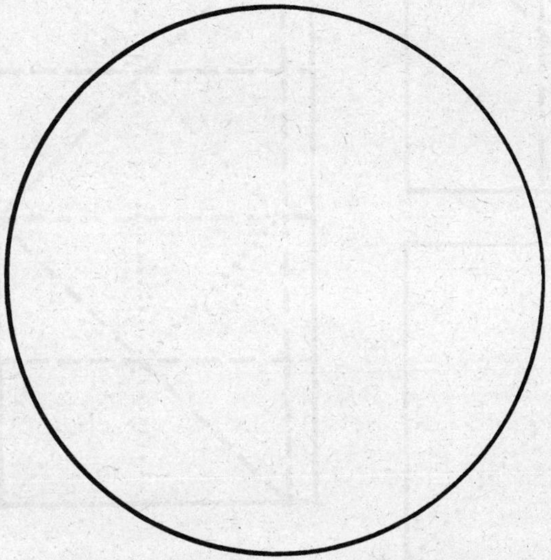

Für Heimwerker
SEITE 30

Seitenteile Werkbank
2 x

Für Bücherwürmer
SEITE 10

Coffeeshop
SEITE 22

DIE VORLAGENBOGEN BITTE AN DER **PERFORATION** HERAUSTRENNEN

Gudrun Schmitt
TOPP
Mini-Vitrinen zum Verschenken
Ideen im Material-Mix
BEST.-NR. 3427
VORLAGENBOGEN 1A

Für den Traumurlaub

SEITE 29

1.

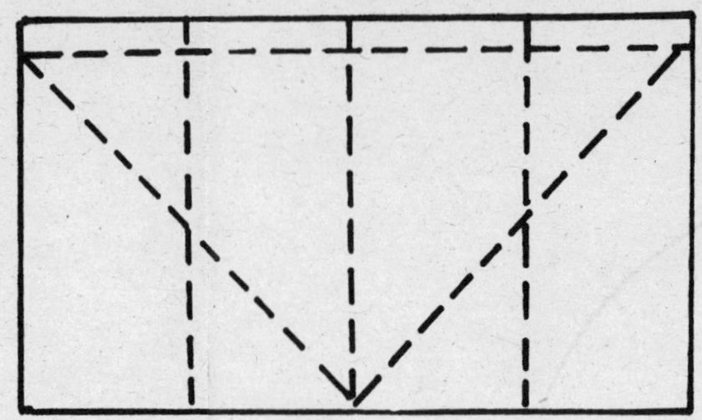

2.

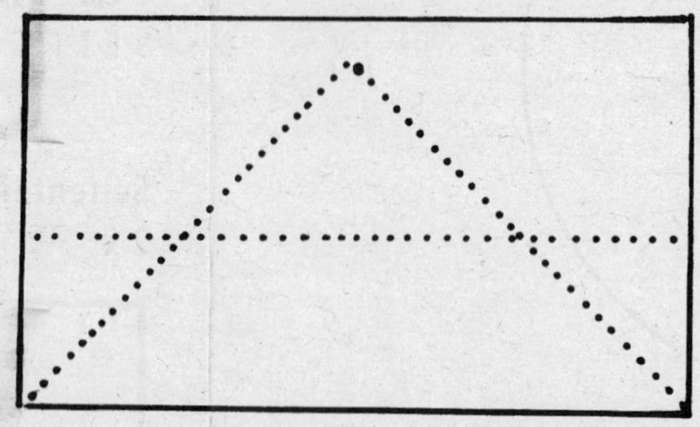

3.

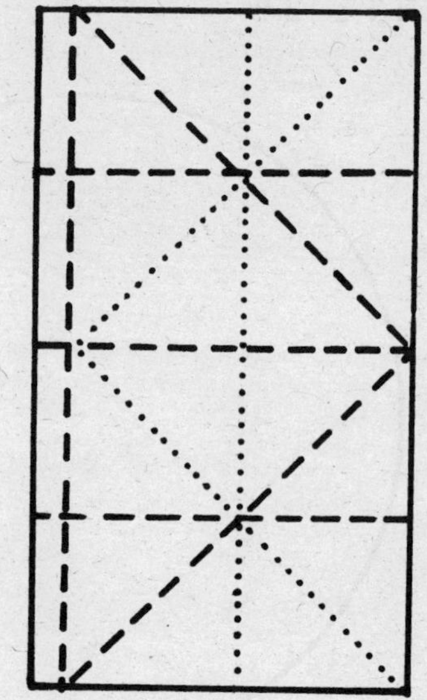

- - - - - 1. Knicklinien

·········· 2. Knicklinien

TOPP
© frechverlag Stuttgart
Gudrun Schmitt
Mini-Vitrinen zum Verschenken
Ideen im Material-Mix
BEST.-NR. 3427
VORLAGENBOGEN 2B

Für Modebewusste

SEITE 6

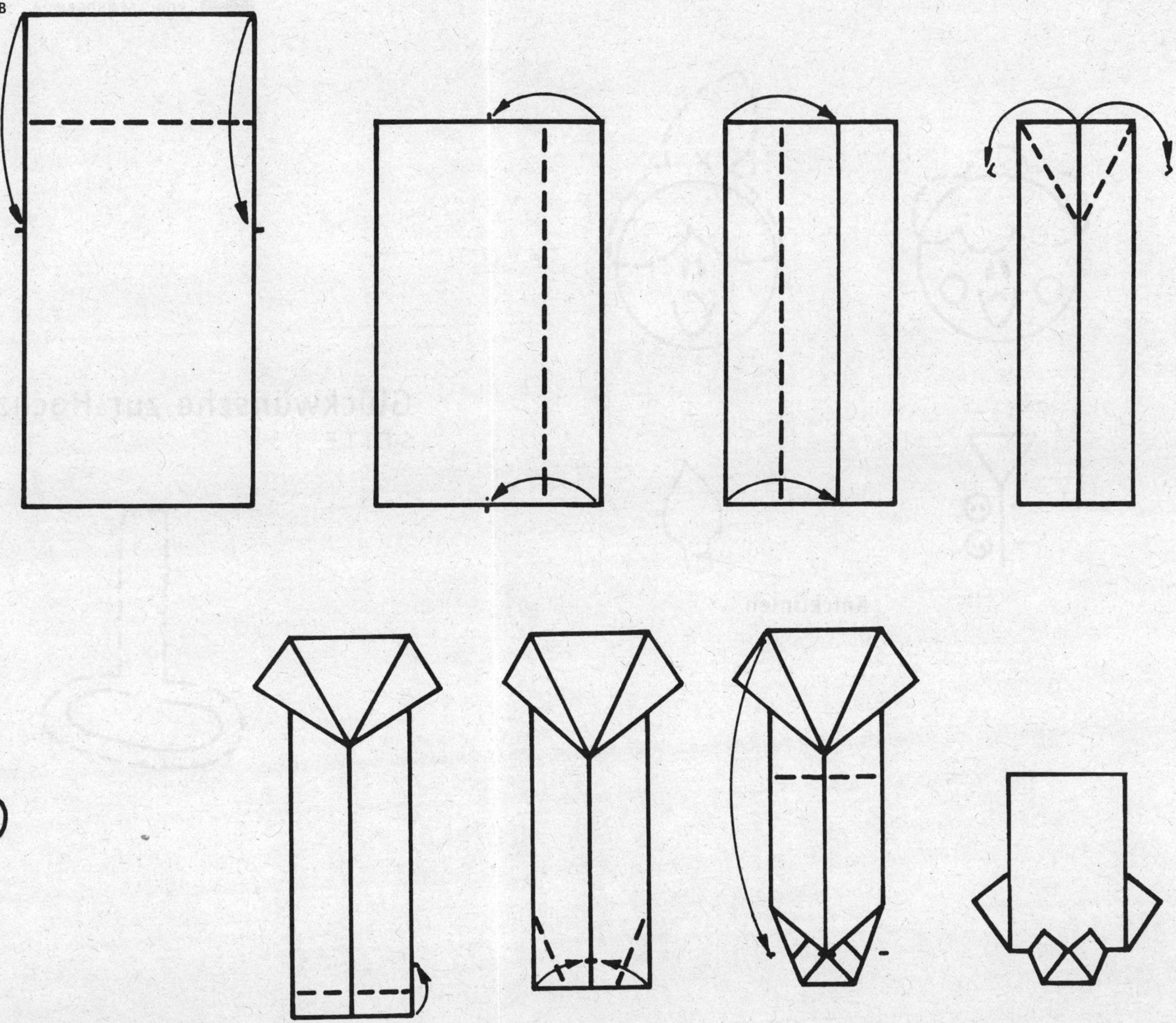

Vorhang

DIE VORLAGENBOGEN BITTE AN DER **PERFORATION** HERAUSTRENNEN

TOPP
© frechverlag Stuttgart
Gudrun Schmitt
Mini-Vitrinen zum Verschenken
Ideen im Material-Mix
BEST.-NR. 3427
VORLAGENBOGEN 2A

Zur Erstkommunion
SEITE 14/15

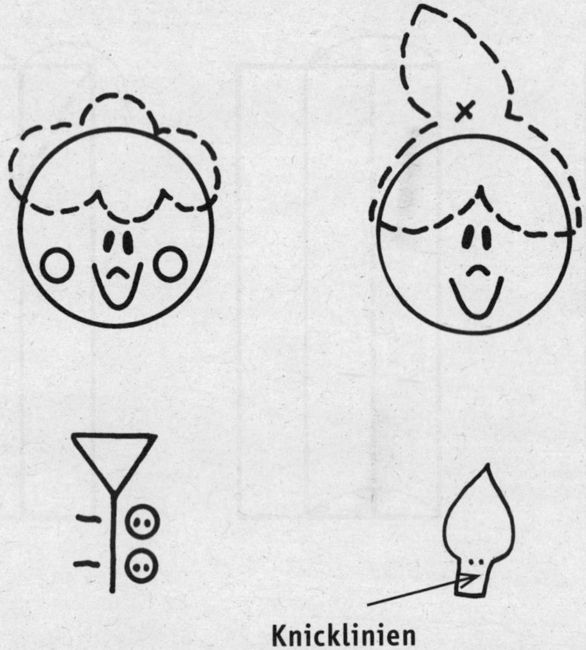

Glückwünsche zur Hochzeit
SEITE 13

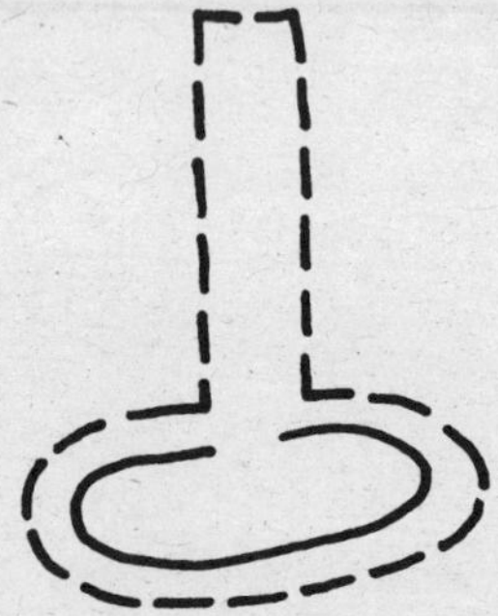

D
FÜHRERSCHEIN
Permis de conduire
Kørekort
Άδεια Οδηγήσεως
Permiso de Conducción
Ceadúnas Tiomána
Patente di guida
Rijbewijs
Carta de Condução
Driving licence
Ein kleiner Zuschuss für deinen Führerschein
Führerschein
aller
Klassen

Einladung zum italienischen Abend

→ für Gourmets

MOTIVHÖHE
ca. 30 cm

MATERIAL
- 3-geteilter Pappmaché-Rahmen, 12 cm x 30 cm, 2 cm tief
- Acrylfarbe in Rot, Weiß und Grün
- Tonpapierrest in Grün und Gelb
- Kupfertopf, ca. 2,5 cm hoch
- Spaghetti, Schleifen und Spiralnudeln
- 2 Weinflaschen, ca. 4 cm hoch
- Satinband in Rot, 3 mm breit, 16 cm lang
- Serviette mit italienischem Motiv

1 Den Rahmen in Weiß, die inneren Ausschnitte in Rot, Weiß und Grün grundieren. Die Serviette passend zuschneiden und mit Serviettenkleber gemäß Herstellerhinweisen auf dem Rahmen anbringen.

2 Für die Menükarte den Schriftzug auf gelbem Papier ausdrucken, dann zuschneiden (7,5 cm x 5,5 cm) und mittig knicken. Ein ebenso großes Stück aus grünem Papier zuschneiden und mittig knicken. Mit dem Satinband zusammenbinden.

3 Die Spaghetti in ca. 4 cm lange Stücke brechen und in den Topf legen. Deckel mit Zweikomponentenkleber darauf befestigen. Anschließend die Nudeln, Weinflaschen und den Topf mit Zweikomponentenkleber in den Rahmen kleben und die Menükarte anbringen.

Tipp: Möchten Sie eine Einladung in ein anderes Spezialitätenrestaurant verschenken, variieren Sie die Serviette und die landestypischen Gerichte. Hier können Sie Ihrer Fantasie freien Lauf lassen.

Pasta
Menü

Einladung zum Musical

→ mit Beleuchtung

MOTIVHÖHE
ca. 29 cm

MATERIAL
- Pappmaché-Rahmen, 24 cm x 29 cm, 1,5 cm tief
- Stoff in Schwarz mit Glitzer-orange, 25 cm x 20 cm
- Rundholzstab, ø 3 mm, 21,5 cm lang
- 2 ungebohrte Rohholzkugeln, ø 1,5 cm
- Lichterkette mit 10 Birnchen mit Batterieanschluss, Birnchendurchmesser 4 mm
- Holzleiste, 5 mm x 5 mm, 48 cm lang
- Bilder vom Musical
- Druckerpapier in Weiß, A4
- Acrylfarbe in Dunkelblau und Schwarz
- Bohrer, ø 3 mm und ø 4 mm

1 In das untere Drittel des Rahmens verteilt zehn Löcher (ø 4 mm) für die Lichterkette bohren. Anschließend den Rahmen mit dunkelblauer Acrylfarbe bemalen, trocknen lassen, dann mit Klarlack lackieren.

2 Für die kleinen Rahmen die Holzleiste in vier 4,5 cm, zwei 5 cm und zwei 10 cm lange Stücke teilen. Die Enden im 45°-Winkel abschrägen. Anschließend die Rahmen zusammenleimen.

3 Den Schriftzug ausdrucken und hinter den größeren Rahmen kleben. Den Namen des Musicals in den kleinen Rahmen kleben.

4 Den Stoff um den Rundholzstab kleben, die untere Mitte ca. 5 cm raffen und festknoten. In die Holzkugeln Löcher (ø 3 mm, 0,5 cm tief) bohren, dann schwarz bemalen und nach dem Trocknen auf die Enden des Rundholzstabes leimen. Vorhang und Rundholzstab mit Sekundenkleber aufkleben, ebenso die kleinen Rahmen.

5 Die Lichterkette von der Rückseite in die Bohrungen stecken.

Tipp: Diese Mini-Vitrine können Sie natürlich passend für andere Veranstaltungen abändern. Es kommt auch gut an, wenn Sie die Eintrittskarte in die Gestaltung mit integrieren.

STARLIGHT EXPRESS
Ich lade dich zum Musical ein
Das rasante ...
... Rollschuh-Musical

Coffee
Ich lade dich zum Kaffee ein

Coffeeshop

→ für Kaffeefreunde

MOTIVHÖHE
ca. 18 cm

MATERIAL
- Pappmaché-Rahmen, 15 cm x 18 cm, 2 cm tief
- Acrylfarbe in Beige und Rot
- Plusterfarbe in Braun
- Serviette mit Konfekt
- Metallfolie in Gold, A4
- Balsaholzrest, 3 mm stark
- Kaffeemühle, 4 cm hoch
- Kaffeebohnen
- Tonpapier in Beige, A4

VORLAGENBOGEN
1 B

1 Den Rahmen komplett beige grundieren. Nach dem Trocknen die Serviette zuschneiden und gemäß Abbildung auf dem Rahmen anbringen.

2 Für das Regal zwei Rechtecke aus Balsaholz (7,5 cm x 1,5 cm) mit dem Cutter zuschneiden. Das Schild gemäß Vorlage schneiden. Für die Kaffeetüten sechs Stücke Balsaholz (1,3 cm x 1,3 cm) zuschneiden. Regal und Schild bemalen. Nach dem Trocknen den Schriftzug mit Plusterfarbe anbringen.

3 Um die Balsahölzer für die Tüten je ein Stück (3,5 cm x 1,8 cm) Metallfolie wickeln. Den oberen Überstand mit den Fingern zusammendrücken.

4 Regale und Tüten in den Rahmen kleben, das Schild oben mittig anbringen. Die Kaffeemühle und Bohnen mit Sekundenkleber fixieren.

5 Das Tonpapier bedrucken und mit Klebefilm befestigen.

Tipp: Wenn Sie statt der Kaffeetüten kleine Teebeutel in die Regale legen, die Beschriftung ändern und eine Mini-Teekanne einkleben, haben Sie ein tolles Geschenk für Teefreunde.

MOTIVHÖHE
ca. 16,5 cm

MATERIAL
- Holzrahmen, 24 cm x 16,5 cm, 6 cm tief
- Acrylfarbe in Rosa und Weiß
- Tonpapier in Weiß/Bunt-gestreift, A5
- Streichholzschachtel
- Filzrest in Rosa
- 9 Spiegelmosaiksteine, 1 cm x 1 cm
- Holzleiste, 5 mm x 5 mm, 16 cm lang
- Teddy, Kinderwagen, Kissen und Kleid aus Polyresin, 4 cm bis 4,5 cm hoch
- Puppen-Babyflasche zum Öffnen, 8 cm hoch
- ungebohrte Rohholzkugel, ø 1 cm
- Rundholzstab, ø 3 mm, 2 cm lang
- Aludrahtrest in Silber, ø 2 mm
- 2 Acrylblumen in Rosa/Lila, ø 1,5 cm
- Bohrer, ø 3 mm
- Geldschein

Zur Geburt

→ „Startkapital" liebevoll überreicht

1 Den Rahmen und die Bodenfläche rosa, die Decke weiß bemalen. Nach dem Trocknen mit Klarlack lackieren.

2 Das gestreifte Papier passend zuschneiden und die Rückwand und die zwei Seitenwände damit bekleben. Die Streichholzschachtel der Breite nach mit einem Cutter halbieren, bemalen und aufeinander kleben. Die zwei Acrylblumen als Knöpfe aufkleben.

3 Aus dem Filz ein Rechteck (8,5 cm x 4,5 cm) schneiden und an den beiden schmalen Enden ca. 1 cm lange Fransen einschneiden. Den Teppich und den Schrank einkleben.

4 Die Holzleiste in vier 4 cm lange Stücke sägen und die Enden im 45°-Winkel abschrägen. Zu einem Rahmen zusammenkleben.

5 Die Holzkugel bohren (ø 3 mm, 1 cm tief) und den Rundholzstab in die Bohrung leimen. Den Spiegelrahmen, den Kleiderhaken und die Holzkugel rosa bemalen.

6 Die Rückwand 4 cm von der linken Seite und 3 cm von oben entfernt durchbohren (ø 3 mm), den Kleiderhaken in das Loch leimen. Den Spiegelrahmen auf die Rückwand kleben und das Spiegelmosaik einkleben.

7 2 cm Aludraht zu einem Haken biegen und mit Sekundenkleber auf die Rückseite des Kleides kleben. Kleid, Kinderwagen, Kissen und Teddy mit Sekundenkleber fixieren.

8 Den Geldschein rollen und in die Flasche stecken. Die Flasche mit Alleskleber auf den Boden kleben.

Tipp: Verwenden Sie statt Rosa Hellblau und Sie haben ein schönes Geschenk für einen kleinen Jungen.

Happy Birthday

→ spielt ein Ständchen

MOTIVHÖHE
ca. 28 cm

MATERIAL
- Holzrahmen, 25 cm x 28 cm, 6 cm tief
- Acrylfarbe in Hellblau, Flieder und Rosa
- Fimo® in Hellbraun, Beige, Blau, Lila, Pink, Gelb und Schwarz
- Plusterfarbe in Weiß
- 2 Holzperlen in Schwarz, ø 5 mm
- Basteldrahtrest in Silber, ø 1 mm
- Veloursfilzrest in Lila
- Tüll in Weiß, 9 cm x 9 cm
- Satinband in Weiß, 3 mm breit, 12 cm lang
- Musikspiel mit Kurbel (Happy birthday)
- 3 Schrauben, 0,25 cm x 2 cm
- Zackenschere
- Geldschein

1 Den Innenausschnitt des Rahmens in Hellblau, die äußeren Leisten gemäß Abbildung in Flieder und Rosa bemalen. Anschließend innen fliederfarbene Punkte aufmalen. Nach dem Trocknen mit Klarlack lackieren. Den Veloursfilz zuschneiden (5 cm x 8 cm) und als Teppich einkleben.

2 Für den Bär ein Päckchen braunes Fimo® für Kopf, Körper, zwei Arme, zwei Beine und die Ohren aufteilen. Körper und Kopf tropfenförmig formen. Beine und Arme zu einer Rolle formen und die Füße umknicken. Mit der Hand etwas breit drücken. Die Beine seitlich am Körper befestigen.

3 Für den Pullover eine Kugel formen und innen mit den Fingern aushöhlen. Anschließend über den Körper legen und andrücken. Die Pulloverärmel ebenfalls aus kleinen Kugeln formen, aushöhlen und über die Arme ziehen. Die Arme am Körper anbringen. Zur Stabilisierung ca. 3 cm Silberdraht oben mittig etwa zur Hälfte in den Körper stecken. Für den Kragen blaues Fimo® ca. 3 mm stark ausrollen und einen Kreis von ca. 3 cm Durchmesser ausschneiden. Die Ränder mit der Zackenschere nachschneiden, anschließend den Kragen mittig über den Draht ziehen.

4 Die Ohren aus zwei kleinen braunen Kugeln formen, eine zweite kleinere Kugel aus beigefarbenem Fimo® aufsetzen und die Ohren mit z. B. einem Pinselstiel etwas eindrücken. Am Kopf andrücken. Schnauze und Nase gemäß Abbildung formen und andrücken. Anschließend die Holzperlen als Augen eindrücken.

5 Für die Torte je einen Kreis (ø 4 cm, 2,5 cm, 1 cm) formen und aufeinander setzen. Die Kerze ist ca. 5 mm dick und 1,5 cm lang. Ein Stück Silberdraht (2 cm lang) zur Hälfte oben in die Kerze drücken, anschließend die Flamme formen und aufsetzen.

6 12 Herzen (ca. 1,5 cm bis 3 cm groß) nach Belieben aus pinkfarbenem Fimo® formen.

7 Alles gemäß Herstellerangaben im Backofen härten. Nach dem Auskühlen den Mund mit wasserfestem Filzstift aufmalen und die Wangen mit Buntstiftspänen röten. Danach mit Klarlack lackieren und trocknen lassen.

WEITERFÜHRUNG

Happy birthday

8 Die Sahnepunkte mit Plusterfarbe auftupfen, trocknen lassen und dann den Bär und die Herzen mit Sekundenkleber fixieren.

9 Die Spieluhr auf der Rückseite des Rahmens mit drei Schrauben befestigen, die Kurbel muss seitlich neben dem Rahmen hervorschauen.

10 Den Geldschein zu einer Schleife falten, das Tüllstück ebenfalls raffen und beides mit Satinband zusammenbinden. Die Schleife mit Klebefilm oben mittig am Rahmen anbringen.

Für den Urlaub

→ Traumschiff

1 Den oberen Rahmenrand in Mittelblau und das untere Drittel in Beige bemalen. Die Rückwand und drei Seitenteile in Hellblau, das vierte Seitenteil in Mittelblau bemalen. Die Wellen auf die Rückwand malen. Nach dem Trocknen mit Klarlack lackieren.

2 Auf die beigefarbene Fläche die Granitfarbe malen, nach dem Trocknen die Muscheln mit Zweikomponentenkleber aufkleben.

3 Sonne und Palme aus Tonkarton schneiden und mit Alleskleber befestigen. Für die Fahne des Schiffes zunächst den Schriftzug auf rotem Tonpapier ausdrucken, zuschneiden (5,5 cm x 3 cm) und ein Ende gemäß Abbildung zackig einschneiden. Um den gelb bemalten Rundholzstab kleben.

4 Aus dem Geldschein gemäß Vorlage das Schiff falten und mit Klebefilm fixieren. Den Mast von der Rückseite mit Klebefilm am Schiff befestigen und dieses ebenfalls mit Klebefilm im Rahmen fixieren.

Tipp: Nach den Ferien können Sie Urlaubserinnerungen in den Rahmen kleben.

MOTIVHÖHE
ca. 12,5 cm

MATERIAL
- Holzrahmen, 20 cm x 12,5 cm, 4,5 cm tief
- Acrylfarbe in Beige, Hellblau, Gelb und Mittelblau
- Granitfarbe in Sand
- 5 beliebige Muscheln
- Tonkartonreste in Hellgrün, Braun und Gelb
- Tonpapier in Rot, A4
- Rundholzstab, ø 3 mm, 5 cm lang
- Geldschein

VORLAGENBOGEN 1A+1B

Für dein Hobby

Für Heimwerker

→ liebevoll eingerichtete Werkstatt

MOTIVHÖHE
ca. 25,5 cm

MATERIAL
- Holzrahmen in Schwarz, 25,5 cm x 25,5 cm, 4,5 cm tief
- Acrylfarbe in Elfenbein
- Holzleiste, 0,5 cm x 0,5 cm, 56 cm lang
- Sperrholzreste, 4 mm und 1,5 cm stark
- Beize in Braun
- Metallfolienrest in Silber
- Aludraht in Silber, ø 2 mm, 15 cm lang
- 4 Indianerperlen in Schwarz, ø 5 mm
- Pflanzenbild, ca. 10 cm x 6 cm
- Tonpapier in Beige, A4
- Rundholzstab, ø 12 mm, 6 cm lang
- Rundholzstab, ø 2,5 cm, 3,5 cm lang
- Werkzeugkasten, 4,5 cm x 3,5 cm (Fertigteil aus Kunststoff)
- verschiedenes Werkzeug, ca. 3 cm - 6 cm lang
- Nägel
- Holzreste

VORLAGENBOGEN 1 B

1 Die Rückwand des Rahmens in Elfenbein bemalen und trocknen lassen.

2 Für den Fensterrahmen die Holzleiste zurechtsägen: 2 x 10 cm, 2 x 5,5 cm, 2 x 2,25 cm und 1 x 9 cm lang. Die Leisten für den äußeren Rahmen (10 cm und 5,5 cm lang) an den Enden im 45°-Winkel abschrägen, dann zusammenleimen. Das Fensterkreuz mit dem Bild hinterkleben und gemäß Abbildung auf die Rückwand des Rahmens kleben.

3 Aus 4 mm starkem Holz zusägen: Für das Werkzeugbrett ein Rechteck (5 cm x 4 cm). Die Tischplatte für die Werkbank ist 10 cm x 4 cm groß, die Verstärkung besteht aus zwei Teilen (je 9 cm x 1 cm) und zwei seitlichen Teilen (3 cm x 1 cm). Diese im Rechteck unter die Tischplatte leimen. Die Seitenteile gemäß Vorlage aussägen. Außerdem vier Rechtecke (1,5 cm x 1 cm) für die Schubladen aussägen.

4 Das Regal über der Werkbank (9,2 cm lang, 1,5 cm breit) aus dem 1,5 cm starken Holz aussägen. Die übrige Holzleiste in vier 4 cm lange Stücke sägen.

5 Die Werkbank gemäß Abbildung zusammenleimen, dann den Fensterrahmen, das Brett und die Werkbank braun beizen.

6 Alles nach dem Trocknen gemäß Abbildung in den Rahmen kleben. Die vier Indianerperlen auf die Schubladen kleben.

WEITERFÜHRUNG

Für Heimwerker

7 Für die Eimer den Rundholzstab (ø 12 mm) in 3 x 2 cm lange Stücke sägen. Drei Rechtecke (2 cm x 5 cm) Metallfolie zuschneiden. Ein Ende des Rundholzstabes mit Metallfolie (ø 12 mm) als Deckel bekleben, anschließend die Rechtecke um die Rundholzstäbe kleben. Drei 3 cm lange Stücke Aludraht abschneiden, biegen und als Henkel mit Alleskleber seitlich an den Dosen befestigen. Die fertigen Dosen auf das Regal kleben.

8 Um das größere Rundholzstück (ø 2,5 cm) den Geldschein wickeln und die Enden mit Klebefilm befestigen. Den verbleibenden Aludraht zu einem weiteren Henkel formen und am Rundholzstab festklemmen. Mit Klebefilm auf dem Regal befestigen.

9 Die Werkzeugkiste, Holzreste und Werkzeug auf Tisch und Brett gemäß Abbildung mit Zweikomponentenkleber anbringen. Einige Nägel auf den Boden kleben.

10 Den Schriftzug ausdrucken, das Tonpapier zurechtschneiden (10 cm x 3 cm) und aufkleben.

DIESES BUCH ENTHÄLT 4 VORLAGENBOGEN

IMPRESSUM

FOTOS: frechverlag GmbH, 70499 Stuttgart; Fotostudio Ullrich & Co., Renningen
DRUCK: frechdruck GmbH, 70499 Stuttgart

Auflage: 5. 4. 3. 2. 1.
Jahr: 2009 2008 2007 2006 2005 [Letzte Zahlen maßgebend]

ISBN 3-7724-3427-4
Best.-Nr. 3427